13800000000ねん きみのたび

138おくねん

さく・え 坂井 治

きみは「げんし」っていう ちいさな つぶで できている。
げんしは ちいさすぎて けんびきょうでも みえないけど、
きみの からだは むすうの げんしが あつまって できているんだ。

むかし むかしの おおむかし、
きみは たった ひとつぶの げんしだった。

きみは 138おくねんという ながい じかんを たびして、
ちょっとずつ すがたを かえながら、にんげんになったんだ。
たびのことなんて おぼえていないと おもうけど、
きみの からだには たびのきおくが つまっている。
きみは どんな たびを してきたんだろう。
138おくねんまえから きみの たびを たどってみよう。

きみが「うちゅうりょこうに いってみたい」って おもうのは、
むかし、きみが うちゅうを とんでいたからかもしれない。

きみが ひとつぶの げんしだったころ、
うちゅうは ほし ひとつない まっくらやみだった。
「だれか いないのー？ だれか あそぼうよー」
きみは ともだちを さがしたけど、
くらくて ちっとも みえなかったんだ。

1380000

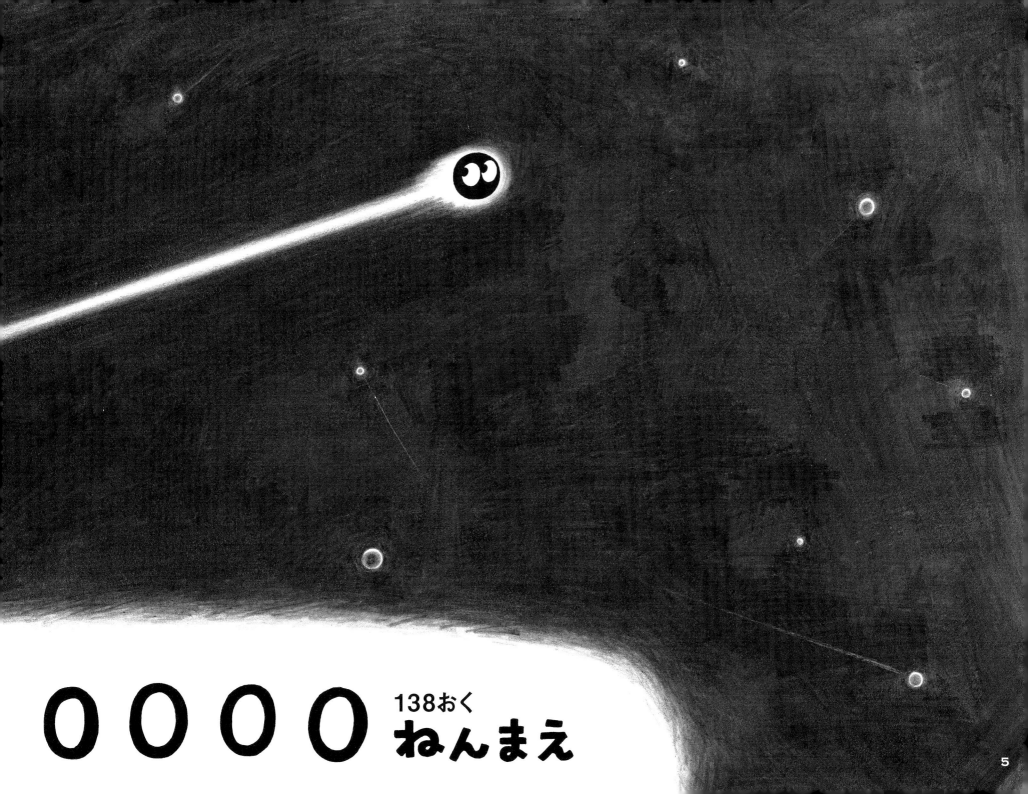

きみが「ほしって きれいだな」って おもうのは、
むかし、きみが ほしだったからかもしれない。

あるとき、まっくらやみに ほしが ひとつ かがやいた。
「ああ、なんて きれいなんだ！あそこには ともだちが いるかな？」
きみは すいこまれるように ほしに とびこんだ。
ほしは むすうの げんしで できていて、
きみも ともだちと いっしょに ほしの いちぶになった。

「たのしいなあ！もっと ともだちを あつめよう」
げんしは どんどん あつまって、ほしも どんどん おおきくなって、
そのうち ほしは おおきくなりすぎて、だいばくはつを した。
きみは また うちゅうに ほうりだされちゃったんだ。

きみが「うちゅうじんって いるのかな?」って おもうのは、
むかし、きみが うちゅうから やってきたからかもしれない。

げんしは うちゅうに ほしを いっぱい つくった。
なかには、ぎゅっと あつまって すなつぶになる げんしもいた。
すなは あつまって いしになり、いしは あつまって いんせきになり、
いんせきは ぶつかりながら とけて マグマの ほしになった。
うちゅうは とっても にぎやかになった。

「いいなあ、ぼくも また どこかの ほしに いきたいなあ」
きみは ちかくの いんせきに のせてもらって、
こんどは マグマのほしに むかうことにしたんだ。

460000

〇〇〇〇 46おく ねんまえ

マグマのほしは うまれたばかりの ちきゅうだった。

ちきゅうに いんせきが ぶつからなくなると、
マグマは だんだん さめて かたまっていった。
マグマの ゆげは もくもくと ぶあつい くもになって、
あめが 1000ねんも ふって、うみに なった。
きみは あめに まじって、うみに とけていた。

「うみって きもちいいなあ! ちきゅうは ぜんぶ うみなのかなあ?」
きみは ちょっと たんけんしてみたくなったけど、
みずのなかで ゆらゆらするしか できなかったんだ。

きみが うみを みると うきうきするのは、
むかし、きみが うみのなかで いきものになったからかもしれない。

うみのなかでも むすうの げんしは いろんな かたちを つくった。
ひもみたいな かたち、しゃぼんだまみたいな かたち、
きみは いろんな かたちを くっつけて
「さいぼう」っていう いきものになった。

4000000000ねんまえ
40おく

さいぼうも けんびきょうで やっと みえるくらい ちいさいけど、
きみは けのような しっぽを ゆらして うごくことが できた。
「やったあ、ぼくにも からだが できた！
しかも、からだを ぶんれつさせることも できるんだぞ」
そういって、きみは さいぼうを どんどん ふやして、
もっと おおきな からだを つくりはじめたんだ。

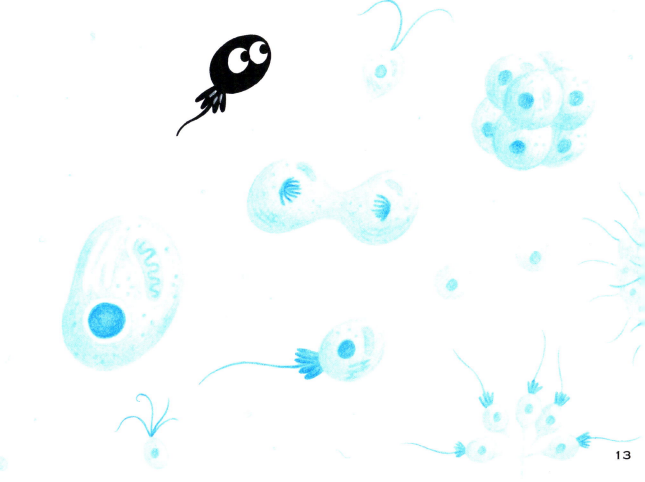

きみが いつも じっとしていられないのは、
むかし、きみが うみのそこに くっついていたからかもしれない。

さいぼうも げんしと おなじように、
さいぼうどうしを つなぎあわせて、
くらげみたいになったり、みみずみたいになったりした。
きみは つぼみたいな いきものになって、うみのそこに くっついていた。

「いいなあ、くらげは およげて」
きみは せのびを したり からだを ゆらしてみたけど、
およぐことも いどうすることも できなかったんだ。

540000000 ねんまえ
5おく4せんまん

きみが へんしんロボットを すきなのは、
むかし、きみが さかなに へんしんしたからかもしれない。

さいぼうは、きみが およぐことができるように、
だんだん からだのなかに ほねを つくって、
どうたいには ひれを つくった。

「やったあ、ぼくも およげるようになったぞ！」
そういって、きみは ともだちと うみを およぎまわったんだ。

↑ **460000000** ねんまえ
4おく6せんまん

↑ **410000000** ねんまえ
4おく1せんまん

きみは うみから かわへ やってきた。

みずから ちょっと かおを だしてみると、
りくちは たいようが まぶしくて、かぜが とっても きもちいい。
みずのそとでも さいぼうが くさきや むしになって くらしている。

「いいなあ、くさきや むしは そとに でれて」
きみは ひれを いっしょうけんめい ぱたぱたしてみたけど、
りくちを じょうずに あるくことは できなかったんだ。

きみが そとへ でると かけだしたくなるのは、
むかし、きみが みずのそとで くらせるように
いっしょうけんめい れんしゅうしたからかもしれない。

きみは なんども なんども みずから はなれる れんしゅうをした。
すると、さいぼうは また からだの かたちを だんだん かえたんだ。
ひれは あしに かわって、はなで いきが できるようになって、
そとでも からだが ひからびないようになった。

「やったあ、ぼくも みずのそとで くらせるようになったぞ！」
そういって、きみは もりで くらすようになったんだ。

400000000ねんまえ
4おく

310000000 ねんまえ

3おく1せんまん

きみが きょうりゅうを すきなのは、
むかし、きみが きょうりゅうに なりたかったからかもしれない。

でも、きみは ねずみみたいな いきものだったから、
きょうりゅうに たべられないようにしないと いけない。
こどもも かんたんに たべられないように、
たまごでうむのを やめて、おなかのなかで
あかちゃんを そだてるようになった。

250000000 ねんまえ
2おく5せんまん

200000000 ねんまえ
2おく

「いいなあ、きょうりゅうは おおきくて」
きみは ごはんを いっぱい たべたけど、
きょうりゅうには なれなかったんだ。

140000000 ねんまえ
1おく4せんまん

ズドドドドーーン

ひさしぶりに おおきな いんせきが おちてきた。
このとき、きょうりゅうは ほとんど ぜつめつしてしまった。

66000000 ねんまえ
6せん6ぴゃくまん

きみは ちいさいおかげで いきのこった。

いきのこった いきものたちは
また いろんな ところで くらしはじめた。
きみは おおきくは なれなかったけど、
きの うえで くらすようになった。
「きの てっぺんは いいながめだなあ！
よーし、もりの はじっこまで いってみよう」

60000000 ねんまえ
6せんまん

もりの そとがわには、そうげんが ひろがっていた。
きみは きを おりて、うしろあしで たちあがって かけだしたんだ。
こうして、きみは にんげんになった。

7000000 ねんまえ
7ひゃくまん

4400000 ねんまえ
4ひゃく4じゅうまん

きみが パズルや ブロックを すきなのは、
むかし、きみが いろんな どうぐを つくってきたからかもしれない。

げんしが ほしや ちきゅうや さいぼうを つくったり、
さいぼうが どうぶつや くさきを つくったように、
にんげんは いろんな ものを
くみあわせて どうぐを つくった。

600000 ねんまえ
6じゅうまん

にんげんは てが じゆうに つかえるようになったので、
いしをけずったり、きをきったり、ひをおこしたり、
つちをたがやすようになった。
きみは ふくをきるようになって、いえでくらすようになって、
りょうりをするようになったんだ。

200000 ねんまえ
2じゅうまん

10000 ねんまえ
1まん

5000 ねんまえ
5せん

きみが でんしゃや くるまを すきなのは、
むかし、きみが はつめいかだったからかもしれない。

にんげんは たいようや ほしのうごきを しらべて
とけいを つくったり、ひや みずを りようして、
きかんしゃや くるまを はしらせた。
ぼうえんきょうで とおくのほしが みえるようになって、
けんびきょうで ちいさなさいぼうを みつけた。

きみは げんしが つくったものを じょうずに つかって
べんりなどうぐを いっぱい つくったんだ。

きげん1ねん
いまの ねんすうを かぞえはじめた さいしょの とし

1500ねん
せん5ひゃく

1800ねん
せん8ぴゃく

1900ねん
せん9ひゃく

きみが スーパーヒーローを すきなのは、
むかし、きみが なんども だれかに たすけてもらったからかもしれない。

きみは にんげんになっても、あぶないことが なんどもあった。
ときには、だいじしんや おおあらしも あった。
いのちを うばう びょうきが まちじゅうに ひろがることも あった。
にんげんどうしが せんそうしてしまうことだって あった。
そのたびに きみは だれかに たすけてもらったんだ。

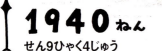
1940 ねん
せん9ひゃく4じゅう

きみが すきなことに むちゅうになるのは、
むかし、きみが いっぱい ゆめを かなえてきたからかもしれない。

きみが あたりまえだと おもっている くらしは、
げんしや さいぼうや むかしの にんげんだった きみが、
ながいじかんを かけて つくってきたものなんだ。

1960ねん
せん9ひゃく6じゅう

1980ねん
せん9ひゃく8じゅう

たびの とちゅうの どれか ひとつでも たりなかったら、
きみは このせかいに うまれなかったかもしれない。

1990ねん
せん9ひゃく9じゅう

2000ねん
2せん

ひとつぶの げんしだった きみは、
138おくねんを かけて、
パパと ママの あかちゃんになった。

どうだった？
むかしのきみのこと、なにか おもいだせたかな？

科学博物館にいってみよう

きみの みのまわりには ふしぎが いっぱい。
かがくはくぶつかんに いくと、
ほしや いんせきや ちきゅうの なりたち、
きょうりゅうの かせきや いろいろな いきものの ひょうほん、
ぼうえんきょうや きかんしゃや ロケットなど、
えほんに とうじょうした なかまたちに であえるよ。
きみが まだ しらない「なぜ？」「どうして？」も
みつかるかもしれない。

カンポ デル シエロ いんせき

これは アルゼンチンに おちた
いんせきの じつぶつだ。
いんせきの なかでも「てついんせき」といって
ほとんど てつで できているんだ。

国立科学博物館 地球史ナビゲーター

とうきょうの こくりつかがくはくぶつかんには、
「ちきゅうしナビゲーター」という、138おくねんの アニメーションと、
いきものの かせきや むかし つかっていた どうぐなどを
いっしょに たのしめる てんじが あるよ。
このえほんは「ちきゅうしナビゲーター」から うまれたんだ。
ぜひ みにきてね。

アロサウルスの ぜんしんこっかく

このえほん（ひょうしと22ページ）に とうじょうする
1おく5せんまんねんまえに いきていた
きょうりゅうの ぜんしんこっかくだ。
ほねの ほとんどが じつぶつの かせきなんだよ。

じんこうえいせい ひまわり

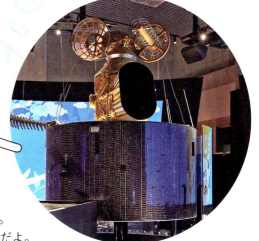

これは「きしょうえいせい」といって、
てんきよほうを つたえるために
ちきゅうの まわりを まわっているんだ。
にほんで さいしょの きしょうえいせいだよ。

写真提供：国立科学博物館　乃村工藝社・丹青社設計施工共同企業体

作・絵 坂井 治
埼玉県出身。多摩美術大学卒業。株式会社ロボットに所属し、
アニメーション・イラストレーション・絵本など様々な創作活動をしている。
国立科学博物館の地球館1階「地球史ナビゲーター」映像ディレクション及びアニメーションを担当。
主な絵本に「金のまきば」(新風舎)、「す〜は〜」(福音館書店かがくのとも)、
アニメーションにNHKみんなのうた「PoPoLoouise」「おおきなおなか」などがある。

この絵本は、国立科学博物館 地球館1階「地球史ナビゲーター」から着想を得て制作しました。
地球史ナビゲーター　©国立科学博物館/乃村工藝社・丹青社/ロボット

国立科学博物館
〒110-8718 東京都台東区上野公園7-20
http://www.kahaku.go.jp/

HERS BOOKS
1380000000０
きみのたび
138おくねん　　　　　　ねん

2018年4月30日　初版第1刷発行
2020年2月10日　　　　第3刷発行

作・絵	坂井 治
イラスト原案	斎藤 俊介
監修	倉持 利明(国立科学博物館 動物研究部長)
発行人	平山 宏
発行所	株式会社 光文社
	〒112-8011 東京都文京区音羽1-16-6
	HERS編集部 03-5395-8234　書籍販売部 03-5395-8116　業務部 03-5395-8125
ブックデザイン	野澤 享子(Permanent Yellow Orange)
編集	山田 麻琴
印刷・製本	大日本印刷株式会社

落丁・乱丁本は業務部へご連絡くだされば、お取り替えいたします。
本書の一切の無断転載及び複写複製(コピー)を禁止します。
本書の電子化は私的使用に限り、著作権法上認められています。
ただし代行業者等の第三者による電子データ化及び電子書籍化は、いかなる場合も認められていません。

©ROBOT 2018 Printed in Japan　ISBN978-4-334-95021-7

この本を読まれてのご意見、ご感想をお聞かせください。
mac01@kobunsha.com